Brigitte Gass

Ton glasieren

Rudolf Müller Fachtips

M Verlagsgesellschaft
Rudolf Müller GmbH Köln

CIP-Kurztitelaufnahme der Deutschen Bibliothek

Gass, Brigitte:
Ton glasieren/Brigitte Gass – Orig.-Ausg.
Köln: Müller, 1985
(Rudolf-Müller-Fachtips)

ISBN 3-481-29231-7

3-481-29231-7

Originalausgabe
© 1985 Verlagsgesellschaft Rudolf Müller GmbH
Alle Rechte vorbehalten
Umschlaggestaltung: Stefan Hermes
Fotos: Monika Gass
Umschlagfotos: Olaf Coermann
Satz: Satzstudio Widdig, Köln
Druck: Druck- + Verlagshaus Wienand, Köln
Printed in Germany

Inhalt

Einleitung

Funktion

**Was ist
eine Glasur?**

Glasuren geben dem gebrannten Ton eine glatte Oberfläche, die leicht zu reinigen ist. Glasuren verschönern und unterstreichen durch Farbe und Oberflächenbeschaffenheit die Form und geben dem Gefäß seinen unverwechselbaren Ausdruck.

Das Glasieren von Keramiken ist ebenfalls nötig, um nicht dichtgebrannte Teile wasserundurchlässig zu machen.

**Zusammen-
setzung**

Glasuren können durchsichtig oder deckend, glatt oder rauh, farblos oder mehrfarbig sein. Sie bestehen aus Kombinationen quarzhaltiger Stoffe, wie Feldspat, Quarzsand, Kreide und färbenden Metalloxiden. Häufig sind diese *Rohstoffe durch ihre natürliche Herkunft* leicht verunreinigt, so daß von daher schon eine geringfügige Färbung entsteht. Einer der Grundstoffe für Glasuren – Feldspat – ist fast farblos, wirkt jedoch bei dickem Auftrag weiß.

Glasurrohstoffe werden abgebaut, gereinigt, gemahlen und gesiebt und kommen als feines Pulver auf den Markt.

Andere Stoffe, z. B. die Farbkörper, werden auf chemischem Wege hergestellt.

Aufbereitung

Die feinpulverigen Rohstoffe werden *nach den Rezepten* genau abgewogen, in Wasser eingestreut und gut vermengt. Das Mischen erfolgt durch Mahlen in einer Glasurmühle, durch Rühren mit Farbquirl und Bohrmaschine oder dadurch, daß der Glasurbrei mehrfach durch ein feines Sieb gegeben wird.

Jetzt können auch *Klebemittel* wie Dextrin oder Tapetenkleister zugesetzt werden, die verhindern, daß sich die Glasur beim Anfassen der Töpfe abgreift. *Stellmittel* wie Bentonit verlangsamen das Absetzen der Glasur im Eimer. Bei Glasuren, die bereits Tonmehl enthalten, sind diese Zusätze nicht notwendig.

Die Glasuren werden in *Versuchsreihen* ausgetestet. Dabei wird neben der Farbbezeichnung auch die optimale Brenntemperatur zugeordnet.

In diesem Buch werden die einfachsten Glasiertechniken gezeigt, wie Tauchen, Gießen und Spritzen. Die verwendeten keramischen Stücke wurden bei ca. 900 °C vorgebrannt (Schrühbrand). Durch diesen ersten Brand wird erreicht, daß der Ton hart wird und sich nicht mehr in Wasser löst.

Im zweiten Brand, dem *Glatt-, bzw. Glasurbrand,* beginnt die Glasur mit zunehmender Temperatur zu schmelzen, wird zuerst weich, dann ganz flüssig und verbindet sich fest mit dem Tonscherben. Wenn der Ofen nach Erreichen der Endtemperatur abgeschaltet wird, so wird die Glasur zäh, bildet eine Haut und erstarrt schließlich ganz.

Glasuren, die heruntergelaufen sind, wurden entweder zu heiß gebrannt, waren zu dick glasiert, oder stimmen nicht in ihrer Zusammensetzung. Die Ausnahme von dieser Regel bilden Lauf- und Kristallglasuren, die im Brand laufen müssen, um ihren typischen Charakter zu zeigen.

Im keramischen Fachhandel gibt es eine große Auswahl von Glasuren für unterschiedliche Temperaturbereiche. Diese *Fertigglasuren* sind als Pulver abgepackt erhältlich und nur noch mit Wasser anzusetzen. Auch Fertigglasuren sollten Sie auf Ihrem Ton ausprobieren, um das Zusammenspiel von Ton, Farbe und Glasurcharakter zu sehen.

Überlegen Sie sich, bevor Sie mit der Arbeit beginnen, welchen Ton Sie nehmen wollen, wie hoch, d. h. wie heiß gebrannt wird und welche Glasuren dann möglich sind.

Eine sehr interessante Aufgabe, die einiges an Zeit und Geduld erfordert, ist, Glasuren nach Rezepten aus Büchern oder nach eigenen Versuchen anzusetzen. Etwas weniger aufwendig ist der Kauf einer hellen Fertigglasur, um erste Einfärbungsversuche mit Metalloxiden zu machen.

Färbende Stoffe in Glasuren sind Oxide, wie Eisen-, Chrom-, Kupfer-, Kobalt-, Manganoxid usw., die in geringen Mengen einer meist neutralen Grundglasur zugefügt werden. Als pulvrige Stoffe und in Wasser gelöst haben diese Stoffe noch nicht die Farbe, die sie nach dem Brand, im ausgeschmolzenen Zustand zeigen. Chrom und Kobalt nennt man »die Scharffeuerfarben«, weil sie ihre grüne und blaue Farbe auch bei hohen Temperaturen behalten.

Im niedrigen Temperaturbereich stehen viele färbende Stoffe zur Verfügung. Für den mittleren Temperaturbereich, also um 1100 °C, gibt es Farbkörper zu kaufen, die bereits fertig aufbereitete Mischungen von Oxiden darstellen, sowie Farbkonzentrate und Malfarben, die über und unter den Glasuren aufzutragen sind. (Achten Sie auf die Gebrauchsanweisung!)

Denken Sie sowohl beim Arbeiten mit Glasuren als auch beim Probenmachen an Ihre *Gesundheit!* Viele Stoffe im keramischen Bereich sind gesundheitsschädlich. Es handelt sich dabei nicht nur um Bleiverbindungen, sondern auch um krebserregende Stoffe, wie z. B. Nickel, das Herzgift Barium oder Cadmium, Selen und viele andere. Die schädigende Wirkung macht sich oft nicht gleich bemerkbar und ist von daher besonders tückisch.

Ein paar Tips aus der Praxis:

Glasuren sollten nur gespritzt werden, wenn eine Absauganlage zur Verfügung steht. Vermeiden Sie auch das Einatmen von Staub. Es ist gut, beim Umgang mit staubigen Stoffen einen Mund-Nasenschutz umzubinden und Glasurrohstoffe immer naß zu sieben. Arbeiten Sie mit Gummihandschuhen und waschen Sie sich nach der Arbeit gründlich die Hände. Manche Stoffe, wie z. B. Aschen und Phosphate greifen die Haut der Hände an.

Bei der Arbeit mit Glasuren gilt deshalb:
Nicht essen! Nicht trinken! Nicht rauchen!

Die Glasuren und Rohstoffe müssen sicher vor Kindern aufbewahrt werden! Achten Sie besonders bei Gefäßen für Lebensmittel auf die Hinweise der Hersteller: »*Bleifrei, geeignet für Geschirr*« o. ä.

Material

Wie bereits in der Einleitung erwähnt, sollten Ton und Glasur in ihrer Zusammensetzung zueinander passen. Um die Glasuren auf Ihrem Ton ausprobieren zu können, ist es ratsam, Proben in Form von Tonplättchen zu machen und anhand von Versuchen eine gute Glasur herauszufinden. Als »gut« bezeichnet man eine Glasur, die bei der Glattbrandtemperatur »steht«, d. h. nicht läuft, sich fest mit dem »Scherben« (dem Ton) verbunden hat und eine angenehm Oberfläche zeigt.

Nicht nur die Farbe, sondern auch die Oberflächenstruktur bestimmt die Auswahl der Glasur für einen spezifischen Zweck; so nimmt man z. B. für Eß- und Trinkgefäße Glasuren mit besonders glatter Oberfläche.

Die Hauptbestandteile einer Glasur sind *Rohstoffe,* die sich nach ihrem *natürlichen Vorkommen* in der chemischen Zusammensetzung unterscheiden. Dies sind z. B. Feldspat, Quarz und Kreide. Zur Glasur gehören außerdem Flußmittel und die färbenden Stoffe, also Metalloxide und Farbkörper. Wenn Sie eine *Fertigglasur* einfärben oder ein bestimmtes Rezept ausprobieren wollen, so wiegen Sie ca. 20 g ab. In Bechern angesetzt, reicht diese Menge, um einige Versuchskörper zu glasieren. Die Genauigkeit einer Briefwaage reicht dafür aus.

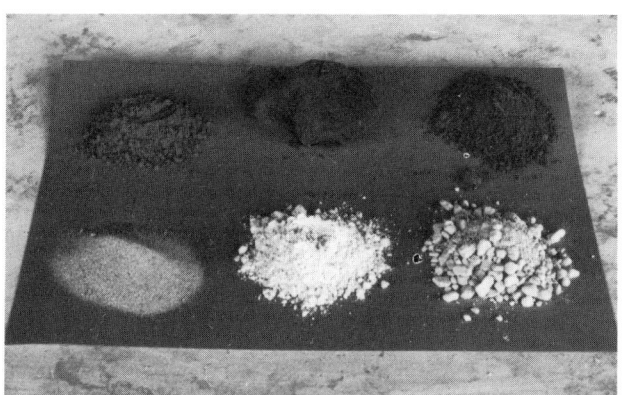

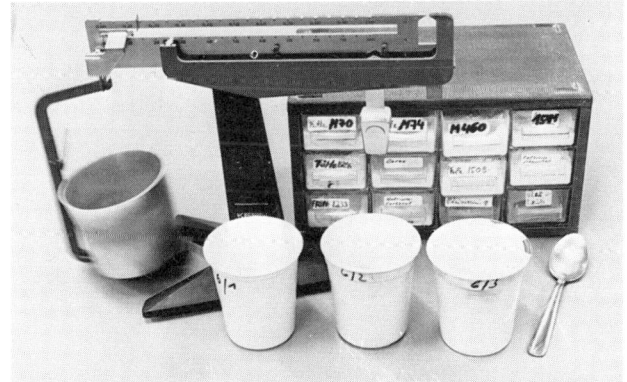

Um das Fließverhalten der Glasur feststellen zu können, formt man verschiedene *Versuchskörper,* die nach dem Schrühbrand glasiert werden.

Die abgewogene *Probenmenge* wird gesiebt, um die Rohstoffe zu mischen. Auf der Rückseite der Probestücke wird die Glasurnummer mit Malfarbe vermerkt.

Je nach Form der Probekörper kann die Glasur durch Tauchen, Schütten oder Pinseln aufgetragen werden. Es sollten *dicke und dünnere Schichten* glasiert werden, damit Sie nach dem Glattbrand den Unterschied sehen können.

8

Die glasierten Proben müssen versäubert werden, um ein Festkleben im Ofen zu verhindern.

Die Proben werden *stehend gebrannt,* um das »Fließen« oder »Stehen« der Glasur feststellen zu können. Deshalb muß das untere Drittel der glasierten Teile immer frei von Glasur bleiben.

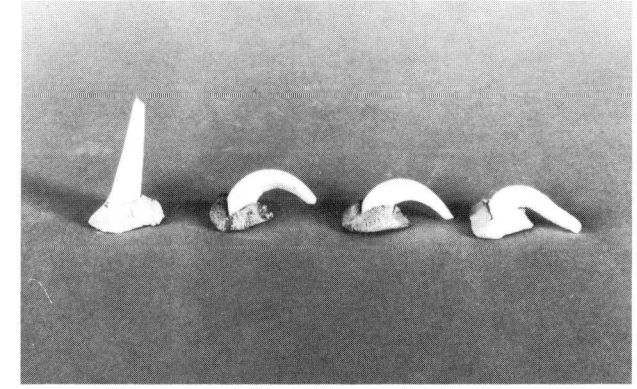

Segerkegel werden benutzt, um die genaue Endtemperatur im Ofen zu erkennen. Nähere Erklärungen zum Verhalten von Segerkegeln finden Sie auf Seite 18.

Vorbereitung   Wenn Sie sich für ein oder zwei Glasuren entschieden haben, können Sie eine größere Menge abwiegen und die nötigen Vorbereitungen zum Glasieren treffen. Um immer wieder gleich gute Ergebnisse zu erzielen, sind sorgfältiges, genaues Abwiegen, Sieben und Umrühren beim Ansetzen der Glasuren sehr wichtig. Deutlich beschriftete Eimer und ein Ordner für die Rezepte werden Ihnen helfen, Verwechslungen zu vermeiden und die Übersicht zu erleichtern.

Die geschrühten Keramiken müssen sauber geglättet, trokken und frei von Staub und Fett sein, um die Glasur gut anzunehmen, sonst kann es im Brand zu Glasurabrollern kommen, die dann die Wirkung des Gefäßes beeinträchtigen.

Die Rohstoffe für eine Glasur werden einzeln mit einer kleinen Schaufel oder einem Löffel auf die *Waagschale* gegeben und abgewogen. Dann gibt man sie vorsichtig in eine Schüssel und rührt das Ganze trocken durch.

Hier wird die Glasur in einen Eimer mit Wasser eingestreut. Das Verhältnis von Pulver zu Wasser sollte etwa 1:1 sein, je nach gewünschter Auftragstärke der Glasur.

10

Stellmittel, wie z. B. Bentonit (0,5–2 %) können jetzt, falls erforderlich, zugegeben werden. Ebenso Klebezusätze, wie z. B. Dextrin.

Die flüssige Glasurmasse wird nun durch ein *feines Sieb* gegeben. Damit erreichen Sie eine gute Vermischung der Rohstoffe und eine sämige Konsistenz der Glasur ohne Klümpchen von ungelösten Rohstoffen.

Auch durch Rühren mit Rührbesen oder Farbquirl, der per Bohrmaschine angetrieben wird, erreichen Sie eine gute Vermischung.

11

Die *Glasureimer mit* dicht schließenden *Deckeln* sollten genau beschriftet sein. Mit Probeplättchen versehene Behälter erleichtern das Finden einer Glasur. Auch kann man gleich die beste Schichtdicke und das Fließverhalten einer Glasur ersehen.

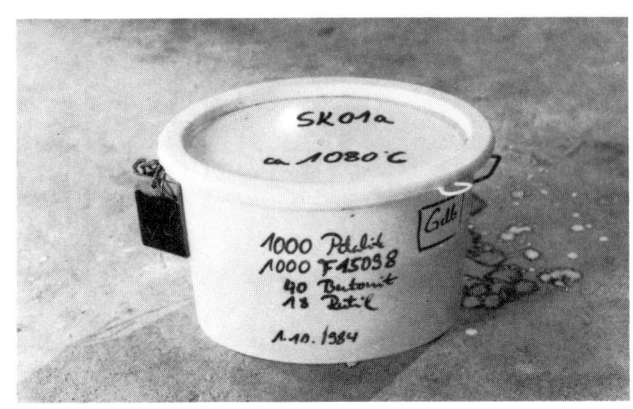

Sammeln Sie die Reste Ihrer Proben und Eimer als *Resteglasur* und stellen Sie dafür eine Extraschüssel bereit.

Haben Sie eine größere Menge Reste gesammelt, werden diese, wie schon beschrieben, aufbereitet und auf einem Probekörper gebrannt. Oft ergeben diese Glasurreste schöne Glasuren, zumindest sind sie als *Innenglasuren* gut zu verwenden.

Die Vorbereitung der geschrühten Keramiken beginnt mit dem *Schmirgeln* der Ränder und kleiner angetrockneter Tonteilchen, die später auch unter der Glasur zu sehen wären.

Mit einem *feuchten Schwamm* wischt man den Staub ab. Haben Sie versehentlich ein Stück mit fettigen Fingern angefaßt, muß es noch einmal geschrüht werden, damit das Fett vollständig weggebrannt wird.

Der Scherben nimmt die Feuchtigkeit des Schwamms sofort auf. Lassen Sie deshalb die Stücke vor dem Glasieren einige Stunden *durchtrocknen*.

Werkzeug

Die auf den folgenden Fotos abgebildeten Werkzeuge und Hilfsmittel sind zum Teil dem Haushalt entnommen. Diese Arbeitsgeräte, z. B. Schöpflöffel, Rührer, Schüssel usw. dürfen natürlich dann nicht mehr für Lebensmittel verwendet werden. Sämtliche Werkzeuge, die mit Glasuren in Berührung kommen, insbesondere die Mal- und Dekorationsutensilien, sollten nach jedem Gebrauch sauber ausgewaschen werden. Dies wird besonders deutlich, wenn Sie eisen- und kobalthaltige Glasuren bzw. Engoben verwenden.

Solche Oxide können schon in ganz geringen Mengen andere Glasuren verfärben. Auf die Sauberkeit von Schwämmen und Pinseln ist in diesem Zusammenhang ebenfalls Wert zu legen.

Mit einer *Glasurzange,* zum Anfassen kleiner Gefäße, einigen alten Zahnbürsten und Messern zum Versäubern ist Ihre Grundausstattung zum Glasieren komplett.

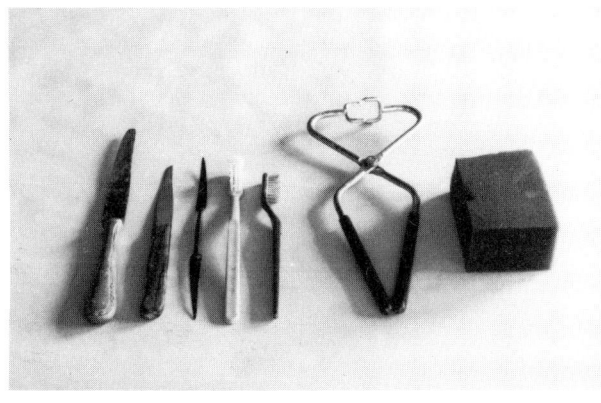

Schüsseln, Gießer und Schöpflöffel sind die wichtigsten Geräte, die Sie zum Glasieren brauchen. Das Einfüllen der Glasur in enghalsige Gefäße ist am einfachsten mit einem Trichter.

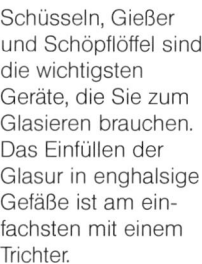

14

Zum *Begießen*
größerer Stücke
brauchen sie zwei
Leisten, verschie-
dene Stützen, wie
z. B. eine wasserge-
füllte Flasche.

Verschiedene *Pinsel,*
die Sie zurecht-
schneiden können,
oder auch ein Mal-
hörnchen brauchen
Sie für die Dekor-
techniken.

Auf einer *abwasch-
baren Unterlage*
werden die verschie-
denen Pinselstriche
erst einmal auspro-
biert.

Der Arbeitsplatz Ihr Arbeitsplatz zum Glasieren sollte leicht sauber zu halten sein, glatte Oberflächen sind günstig. Achten Sie darauf, daß weder Nahrungsmittel noch Geschirr in der Nähe stehen.
Eine Schürze oder sonstige rasch wechsel- und gut waschbare Arbeitskleidung ist praktisch.
Auch sollten Sie rechtzeitig ein Regal, einen Tisch oder ein Brett in Reichweite stellen, damit sie die feuchten, frisch glasierten Stücke zum Trocknen abstellen können. Die glasierten Stücke dürfen erst nachdem sie getrocknet sind wieder angefaßt werden.
Legen Sie alles, was Sie zum Glasieren benötigen, vor Beginn der Arbeit griffbereit, und sorgen Sie für reichlich sauberes Wasser.

Eine Ränderscheibe ist nicht unbedingt erforderlich, sie erleichtert jedoch das Arbeiten. Sie wird besonders für die Dekortechniken und das Einteilen von Gefäßen benutzt. Mit einfachen Mitteln kann man so eine Scheibe auch selbst herstellen.

Damit die frisch glasierten Teile nicht öfter als unbedingt nötig angefaßt werden müssen, stellt man sie auf ein *Brett,* das zum Trocknen beiseite gestellt werden kann. Auf einem solchen Brett trägt man die Sachen auch zum Brennofen.

Segerkegel gibt es für alle keramischen Temperaturbereiche in Abständen von 20 °C. Die Rohstoffkombinationen sind so ausgelegt, daß sie bei der bezeichneten Temperatur weich werden und den Kegel umsinken lassen. Sie reagieren genau auf die Temperaturhöhe und die Dauer der Hitzeeinwirkung.

Mit der schrägen Standfläche drückt man die Kegel in ein wenig Ton und läßt diesen trocknen. Mit Hilfe einer brennenden Kerze, die man vorübergehend mit in den Ofen stellt, können Sie die Kegel genau vor dem Schauloch des Ofens plazieren.

Bei vielen Glasuren ist es notwendig, die Endtemperatur eine Zeitlang zu halten, (ca. 1 Std.) um ein völlig gleichmäßiges Ausschmelzen zu erreichen. Durch Zurückschalten oder kurzes Aus- und Wiedereinschalten kann der Glattbrand auf die gewünschte Endtemperatur eingependelt werden: diesen Vorgang nennt man »tempern«. Die genaue Endtemperatur ist erreicht, wenn der den benutzten Glasuren entsprechende Kegel mit seiner Spitze den Boden berührt.

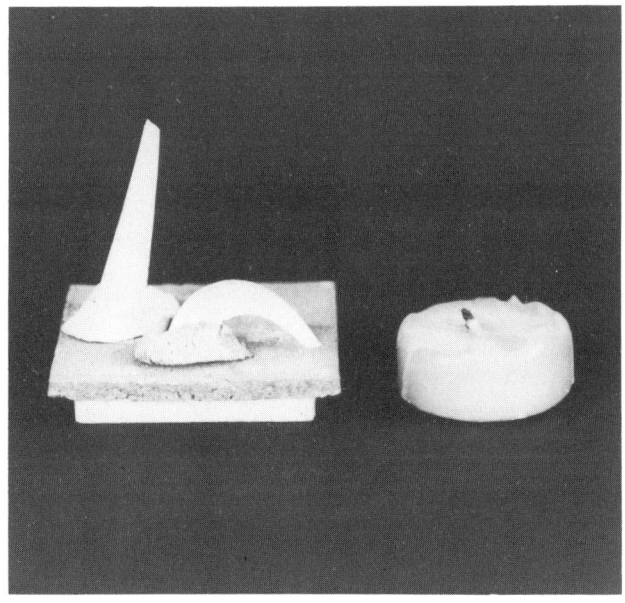

Glasieren

Tauchen

Das Tauchen von kleineren Gefäßen ist die einfachste, sauberste Art, in einem Arbeitsgang gleichmäßig zu glasieren. Weniger geeignet für diese Technik sind dünnwandige Gefäße, die dicker glasiert werden sollen, oder unhandliche Stücke, die man im frisch glasierten Zustand schwer festhalten kann.

Große Eimer mit dicht schließenden Deckeln sind zu empfehlen, damit die Glasur nicht austrocknet und nicht wieder aufbereitet werden muß. Da schwere Glasurbestandteile sich rasch absetzen, ist es nötig, die Glasur vor dem Tauchen der Stücke aufzurühren, damit nicht nur die feinen, flüssigen Bestandteile auf dem Scherben haften bleiben. Glasuren, die geringe Mengen Ton oder Schwebemittel enthalten, setzen sich nicht so hart ab.

Gefäße mit Fuß taucht man am besten, indem man sie *mit drei Fingern am Fuß* greift und schräg in die aufgerührte Glasur taucht.

19

Eine weitere Möglichkeit ist, Tassen o. ä. *an Rand und Fuß zu greifen* und in die Glasur zu tauchen.
Die Fingerspuren werden später ausgebessert.

Das Glasieren mit einer *Glasierzange* ist ebenfalls einfach. Die Eindrücke der Zange sind unauffälliger als die der Fingerkuppen und daher leichter auszubessern.

Bei den beschriebenen Glasiertechniken ist das *Säubern der Standflächen* besonders wichtig. Die Gefäße würden sonst an den Einbauplatten des Brennofens festkleben. Kratzen Sie daher die Glasur mit einem Messer ab und wischen Sie mit einem feuchten Schwamm nach.

In größere keramische Stücke, die *zuerst innen glasiert* werden sollen, gießt man bis zur Hälfte Glasur ein.

Mit einer langsamen *Drehbewegung* wird nun die Glasur rundum geschwenkt und dann ausgegossen. Nach Möglichkeit soll dabei der Rand schon mitglasiert sein.

Eventuell ist auch außen Glasur abgelaufen. Diese sogenannten »*Glasurnasen*« werden mit Messer und Schwamm entfernt.

Das Gefäß wird mit *drei Fingern* am Fuß gefaßt und in die Glasur getaucht.

Zum Außenglasieren können Sie ein Gefäß auch mit *beiden Händen* innen fassen und bis zum Rand eintauchen.

Nehmen Sie das Gefäß nach einigen Sekunden heraus und lassen Sie die *Glasur abtropfen.* Bei dieser Methode muß anschließend die Standfläche des Stückes von Glasur gereinigt werden.

Solange die Glasur noch etwas feucht ist, kann der *Rand noch einmal getaucht werden.*

Nach dem Trocknen verreibt man vorsichtig *kleine Poren,* die durch Luftbläschen entstanden sind.

Wollen Sie den *Fuß- innenraum glasie- ren,* so gießen Sie etwas Glasur in die- sen Bereich und ver- teilen diese gleich- mäßig mit einem Pinsel.

Gießen

Die Technik des Begießens eignet sich für große, unhandliche Stücke, die sich beispielsweise schwer in einen Eimer tauchen lassen. Die Gefäße werden zuerst innen glasiert und nach dem Versäubern der außen abgelaufenen Glasur zum Trocknen gestellt. Die Zeit des Trocknens ist sehr wichtig, damit der Scherben die Feuchtigkeit der Außenglasur wieder aufnehmen kann. Wird in rascher Folge erst innen, dann außen glasiert, so kann es passieren, daß der Glasurauftrag beim Trocknen oder im Brand abplatzt.

Eine Ausnahme von dieser Regel bilden dickwandige Gefäße, die mehr Feuchtigkeit aufnehmen können. Mit einiger Übung wird es Ihnen bald gelingen, Ihre Stücke ohne Gießspuren gleichmäßig zu glasieren.

Größere, weit geöffnete Gefäße sollten zum *Innenglasieren* bis zu 2/3 vollgegossen werden. Diese Glasurmenge reicht aus, um den Innenraum gleichmäßig auszuschwenken.

Schütten Sie die übrige Glasur in den Eimer zurück. Durch zu dicke Innenglasuren werden die Töpfe unnötig schwer, und die Glasur kann im Brand blasig aufkochen.

Die Außenseite des Gefäßes wird versäubert und der *Rand* mit dem Messer *angeschrägt.*

Stellen Sie eine Schüssel und eine mit Wasser gefüllte Flasche auf die Ränderscheibe. Das Stück wird umgedreht, über die Flasche gehängt und unter laufendem Drehen mit Glasur beschüttet.

Die *Tropfen am Gefäßrand* können, während die Ränderscheibe gedreht wird, mit einem Finger oder einem Pinsel verteilt werden.

Vasen mit enger Öffnung werden umgekehrt auf *Leisten* gestellt. Die eingezogene Halspartie taucht man vorher bis zu den Schultern in Glasur. Damit wird erreicht, daß sich die Glasur überall gleichmäßig verteilt.

Während Sie gießen, halten Sie die Vase etwas fest.
Wenn die Standfläche schon sauber bleibt, erspart man sich das spätere *Bodenversäubern*.

Gefäße, die man nicht auf Leisten stellen kann oder die man nur teilweise mit Glasur dekorieren will, kann man auch mit einer Hand festhalten und *begießen*.

28

Spritzen

Das Spritzen von Glasur ist eine Technik, die sich in erster Linie für Glasuren eignet, welche dünn, oder mit wechselnder Schichtdicke aufgetragen werden sollen. Auch bei besonders großen Gefäßen und Platten bedient man sich gern dieser Methode. Die Möglichkeit, Glasuren zu spritzen, mit Spritzkabine, Absauganlage, Kompressor steht nicht jedem zur Verfügung, und es erfordert ohnedies einige Übung, einen gleichmäßigen Glasurauftrag zu erreichen. Die Spritztechnik wird oft eingesetzt, um weiche Schattierungen zu erreichen, einen gleichmäßig dünnen Überzug andersfarbiger Glasur aufzutragen oder abgedeckte Teilmotive sauberer abzugrenzen. Das Einatmen der feinen Glasurbestandteile kann gesundheitsschädlich sein. Sie sollten daher nie ohne Absauganlage spritzen!

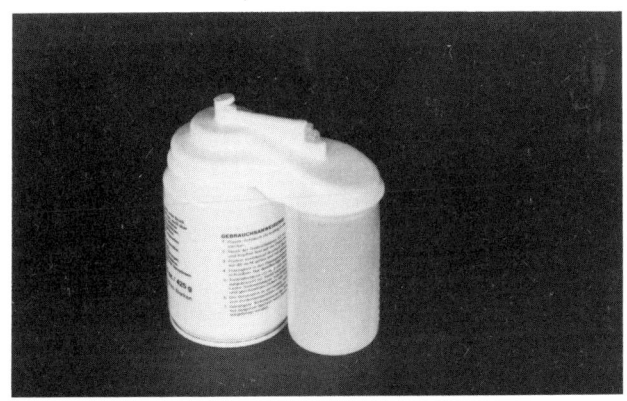

Die einfachste Methode Glasuren aufzuspritzen, ist, mit einem *Drucktank* zu arbeiten.
Gasbehälter und Gaspatronen sind austauschbar.

Für die Fotos in diesem Buch wurde eine Anlage benutzt, die aus *Kompressor,* Absaugvorrichtung und Spritzpistole besteht. Bei einer solchen Pistole kann die Form des Strahls eingestellt werden.

Die Keramiken werden innen glasiert, umgedreht in die Kabine gestellt und zuerst am *Boden* und im unteren Drittel *glasiert*.

Die Standfläche wird versäubert und das Gefäß *signiert*. (Siehe Malfarbe S. 50)

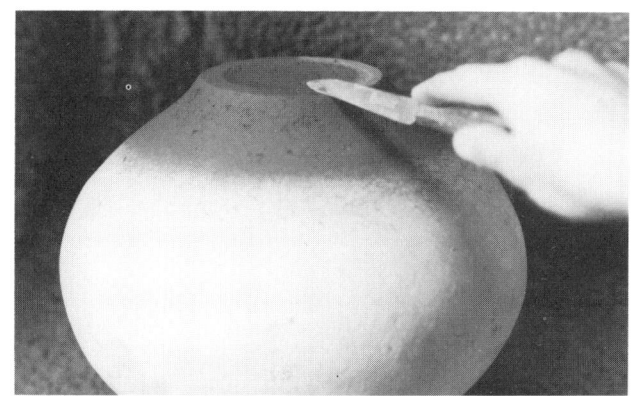

Um die Glasur gleichmäßig aufzutragen, *spritzen* Sie in Form eines X und drehen dabei mit der anderen Hand langsam die Ränderscheibe.

Wenn *Tropfen und Laufspuren* entstehen, wurde zu »fett« gespritzt, oder zu lange auf eine Stelle gehalten. Dasselbe kann geschehen, wenn die Glasur zu dünnflüssig ist, oder zu hoch geschrüht wurde. Der Scherben nimmt dann nicht mehr genug Glasur an.

Die Spritztechnik wird oft angewandt, um andersfarbige Glasuren dünn oder als *Schattierung* aufzutragen.

Fassen Sie gespritzte Keramiken nicht mehr mit bloßen Händen an, sondern legen Sie dünne *Plastikfolie* zwischen Ihre Hände und die glasierten Stücke.

Effekte

In diesem Kapitel wird auf die verschiedenen Möglichkeiten des Gestaltens mit Glasur eingegangen. Aufbauend auf den Grundtechniken, bietet sich in diesem Bereich ein weites Feld für Ihre Kreativität. Einige Zufallsergebnisse, die Ihnen gefallen, sind vielleicht so schon entstanden, und Sie können diese Erfahrungen für weitere Effekte nutzen. Schöne Glasurergebnisse erzielen Sie mit Doppelglasuren, verschiedenen Ausspartechniken oder mit einfachen Bemalungen. Die Engobetechnik ist zeitaufwendig, weil Proben angefertigt werden sollten, ebenso nimmt das Üben mit Pinsel und Malhörnchen Zeit und Übung in Anspruch. Ebenso erfordert das Üben mit den verschiedenen Pinseln und Malhörnchen viel Zeit und Geduld, um die nötige Sicherheit beim Auftragen des Motivs zu erlangen.

Wenn Sie unglasierte Stücke nur teilweise tauchen, entstehen glasierte und unglasierte Bereiche, *Streifen und Flächen*.

Bei rundlichen Stücken entstehen durch partielles Tauchen *Glasurbacken*. Das wirkt recht interessant, wenn ein bereits glasiertes Stück in andersfarbige Glasur gestippt wird.

34

Glasuren, welche
dick aufgetragen
anders aussehen als
dünn glasiert, eignen
sich für spielerische
Experimente mit der
Schichtdicke.

Es ist auch möglich,
zwei oder mehrere
*Glasuren überein-
ander* zu legen.
Jeder neue Glasur-
auftrag wird erst
dann glasiert, wenn
der vorangegangene
matt, aber noch nicht
trocken ist.

In flachen Schalen
und Tellern können
*schwungvolle Gla-
surbilder* entstehen.
Die Glasur wird mit
einer kurzen Dre-
hung oder einem
Schwenker in der
Schale verteilt.

Wenn Sie die Oberfläche des Stückes mit *Strukturen* versehen haben, besteht die Möglichkeit, Glasur oder Farboxide in die Vertiefungen *einzureiben.* Verwenden Sie dann möglichst Überglasuren, die transparent wirken.

Bei einem glasierten Stück kann durch *Auskratzen* der Glasur der Scherben teilweise wieder freigelegt werden, um die Oberfläche zu dekorieren.

Diese freien Flächen und Linien können auch *mit* anderer *Glasur* wieder *ausgefüllt* werden.

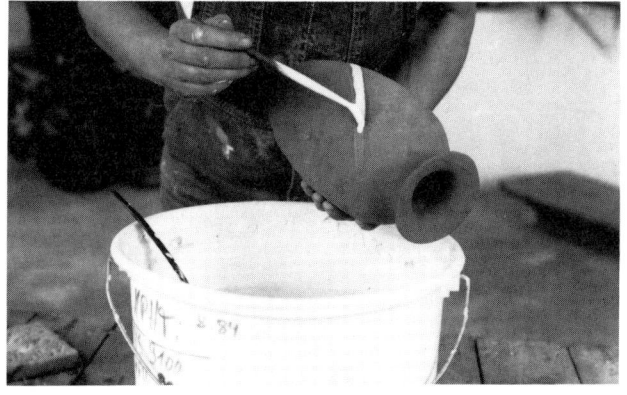

Durch eingelegte, verschiedene Dinge (Münzen, Blätter o. ä.) bleiben Bereiche des Scherbens frei von Glasur. Bei dieser *Ausspartechnik* muß die Glasur aufgespritzt werden.

Schablonen aus Papier oder anderen leichten Materialien werden mit Kleister fixiert und vor dem Glattbrand entfernt.

Streng geometrische und grafische Wirkungen erzielen Sie mit Positiv-Negativ-*Schablonen.*

38

Mit *Klebestreifen* und Folie können Sie Muster schneiden und Ihre Keramiken bekleben. Anschließend ist es bei dieser Technik möglich, die Stücke zu tauchen oder zu begießen. Vor dem Glattbrand werden die aufgeklebten Teile vorsichtig entfernt.

Mit *erhitztem Wachs,* das teilweise auf den Scherben gegossen oder mit einem Borstenpinsel aufgetragen wird, erhält man ebenfalls ausgesparte Flächen.

Das Gefäß kann nach dem Wachsauftrag getaucht werden. Ungewollte Wachsspuren sind nur mit einem weiteren *Schrühbrand* restlos zu entfernen.

Glasurtropfen auf dem Wachs müssen sauber abgewischt werden, sonst bleiben die Punkte auf der ausgesparten Fläche.

Mit einem *Tjanting* (ein Batikwerkzeug) kann auch mit Wachs gemalt und ornamental gearbeitet werden. Das Wachs muß dazu sehr heiß sein.

Gefäße, deren *Rand oder Fuß in* heißes *Wachs* getaucht werden, bleiben frei von Glasur und brauchen nicht versäubert werden.

Engoben sind verschieden eingefärbte Tonmischungen, die mit Wasser angesetzt dünn auf Keramiken aufgetragen werden. Früher wurden über dunkle Tone helle Engoben gelegt, um den Glasuren einen schöneren Untergrund zu geben. Dies ist eine preiswerte Art, Ton optisch zu veredeln.

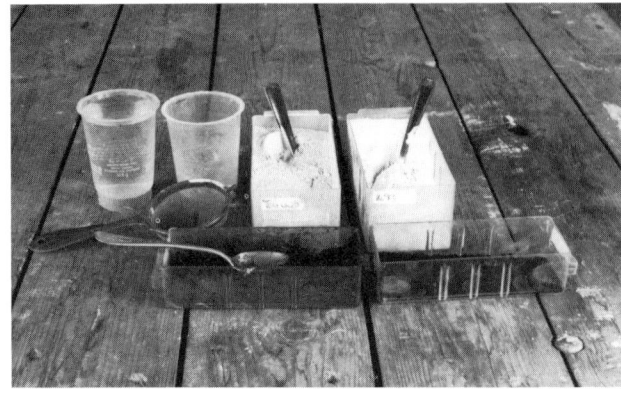

Heute werden Engoben häufig mit *Metalloxiden eingefärbt,* um spezielle Farbwirkungen zu erzielen. Die Bestandteile einer Engobe, wie Tonmehl, Farboxid und z. B. Feldspat als Flußmittel, werden abgewogen, mit Wasser glatt gerührt und gesiebt.

Damit die Engobe nicht eintrocknet, wird sie am besten in einem *Schraubglas* aufbewahrt. Nach kurzem Aufrühren kann die Engobe gegossen werden.

Wollen Sie mit mehreren *Engoben* arbeiten, *testen* Sie diese erst auf Proben, bevor Sie sie verwenden.

Engoben, auf lederharten Ton aufgebracht, lassen sich mit glatten, harten Gegenständen, wie z. B. Löffeln, *polieren*. Die Oberfläche wird durch das Reiben dicht und glänzend.

Engoben können auch *übereinander* gelegt werden. Durch schichtweise entfernte Flächen und Linien entstehen neue, interessante Effekte.

43

Farbige Engoben werden oft auch *naß in naß* aufgetragen und ineinandergezogen, z. B. mit einer Gabel. Diese Technik nennt man auch »Marmorieren«.

Das klassische Werkzeug für die Engobemalerei ist das *Malhörnchen*. Je nach Konsistenz der aufgezogenen Flüssigkeit und dem Druck auf das Bällchen, läßt sich der Strich variieren.

Gemalte *Engobedekore* werden mit einer transparenten Glasur überglasiert, um das Motiv sichtbar zu erhalten.

44

Testen Sie die Farben mit der *Glasur,* die verwendet werden soll, damit Sie sehen, wie diese miteinander reagieren.

Eine der einfachsten gemalten Dekorationen ist ein *Glasurwischer.* Mit einem breiten Pinsel wird ein farbiger, schwungvoller Streifen über das Gefäß gezogen.

Eine weitere Möglichkeit ist das *Betupfen* von Gefäßen *mit* einem in Farbe getauchten *Schwamm.*

Mit Hilfe der *Ränder-scheibe* kann man Ränder farbig absetzen und betonen. Auch spiralförmige Muster sind damit leichter zu verwirklichen.

Sollen Gefäße für spezielle Dekore in gleiche Flächen geteilt werden, versieht man die Ränderscheibe mit entsprechenden *Hilfslinien.*

Glasierte und gebrannte Stücke können mit *Aufglasurfarben* bemalt werden. Beachten Sie bei diesen Fertigfarben die Verarbeitungshinweise und die unterschiedlichen Brenntemperaturen!

47

Die *Einbrenntemperatur* vieler Dekorfarben liegt weit unter der Temperatur eines »normalen« Glasurbrands. Werden verschiedene Farben verwendet, muß deshalb oft mehrfach, immer niedriger gebrannt werden.

Glasurfarben, die es in vielen Farbtönen gibt, sind als *Malkasten* im keramischen Fachhandel erhältlich.

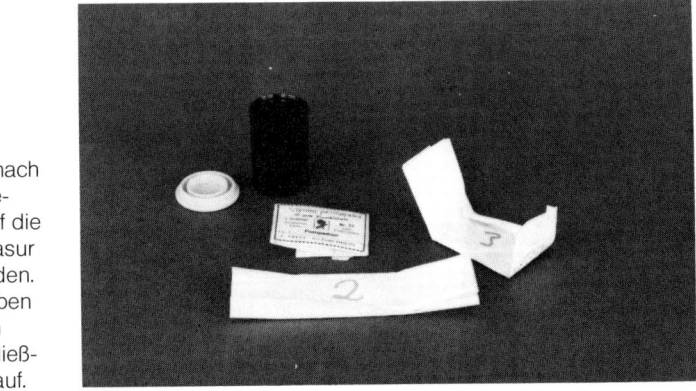

Porzellanfarben müssen, genau nach Vorschrift angerieben, verdünnt auf die vorgebrannte Glasur aufgetragen werden. Diese teuren Farben bewahrt man am besten in verschließbaren Döschen auf.

Einfache braun-
schwarze *Malfarbe*
setzt man aus Ton,
Kaolin und Mangan-
oxid an. Zusätze wie
Chrom und Kobalt
intensivieren den
Farbton und machen
z. B. Schrift auch auf
dunklem Ton gut
lesbar.

Keramische Kleber,
wie Dextrin und
Relatin, setzt man
wie Tapetenkleister
an. Sie verhindern,
daß sich die Glasur
beim Anfassen
abgreift.

Mit Kleber versetzte
Glasuren können
auch gut zum *Aus-
bessern* von
»Glasurabrollern«
verwendet werden.

Das *Überglasieren* fehlerhafter Stücke, die noch einmal ganz glasiert werden sollen, gelingt besser mit einer geklebten Glasur.

Das *Überspritzen* bereits gebrannter glasierter Stücke ist leichter, wenn Sie das Gefäß vorher im Backofen auf ca. 100 °C erhitzen. Die Glasur haftet dann besser auf der glatten Fläche.

Eine weitere interessante Technik ist, mit zwei oder mehreren Glasuren zu arbeiten, die auf- oder nebeneinander gegossen und mit einer Gabel oder einem Pinsel *ineinander gezogen* werden.

Gießt man *ein paar Tropfen Essig* in nasse Glasur, so entwickeln sich einzigartige, seltsam verästelte Gebilde.

Hier wurden nacheinander zwei ziemlich dickflüssige Glasuren eingegossen. Diese Glasuren können jetzt ineinander gezogen, *geschwenkt* oder *marmoriert* werden.

Eine andere Möglichkeit ist, die Glasur zu *verblasen*. Ein gutes Gerät für diese Variante ist das Malhörnchen oder auch eine Luftpumpe.

Fehler

Häufig wird ver-
säumt, die *Stand-
fläche* eines
Gefäßes *sauber* zu
machen. Es ist
unvermeidlich, daß
die Glasur sich in
der Hitze mit der
Ofenplatte fest ver-
bindet, und das
Gefäß nur noch mit
Gewalt zu entfernen
ist.

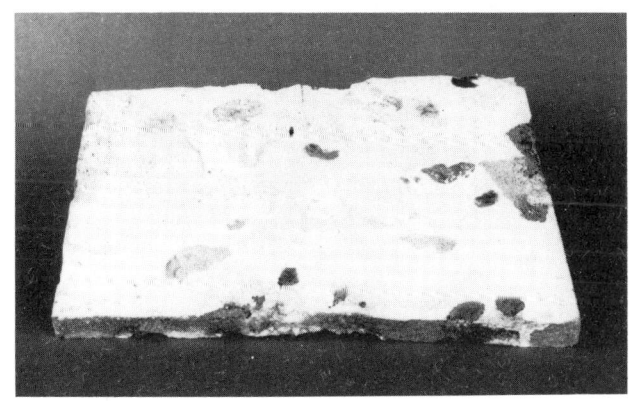

Das gleiche kann
geschehen, wenn
Sie zwar saubere
Stücke in den Ofen
geräumt, aber noch
Glasurreste auf den
Ofenplatten gelas-
sen haben.

Wenn die Stücke *ungleichmäßig dick* glasiert sind, kann es vorkommen, daß die dick aufgetragene Glasur im Brand abläuft.

Die für die Glasur notwendige *Temperatur* sollte genau eingehalten werden. Wenn Sie überschritten wird, beginnen die Glasuren abzulaufen – wird zu niedrig gebrannt, schmelzen die Glasuren nicht aus und bleiben rauh.

Tropfen und abgelaufene Glasur sind auch nach dem Brennen sichtbar und wirken oft störend.

Wenn Stücke nach
dem Brand Poren
und Bläschen aufzei-
gen, kann es sein,
daß Sie entweder zu
langsam glasiert
oder den Ofen zu
rasch hoch geheizt
haben. In beiden Fäl-
len konnte die *ein-
geschlossene Luft*
nicht nach außen
dringen.

Manche Glasuren
greifen sich beim
Anfassen leicht *ab*.
Verreiben Sie diese
»Patzer« dann vor-
sichtig, denn sonst
sind sie nach dem
Brennen deutlich zu
sehen.

Wenn Glasur im
Brand abgerutscht
ist, liegt dies häufig
daran, daß das
Gefäß vor dem Gla-
sieren staubig war,
oder mit *fettigen
Fingern* angefaßt
wurde. Das Hautfett
wird von dem Scher-
ben aufgenommen
und dichtet die fei-
nen Poren ab, so
daß die Glasur nicht
richtig »greifen«
kann.

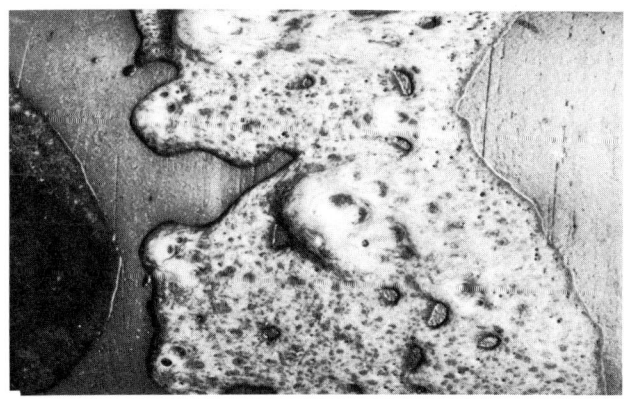

Wurden zwei ver-
schiedene Tonsorten
verwendet, und eine
Glasur verbindet sich
nicht gut damit, so
kocht die *Glasur*
und bildet eine
blasig-schrundige
Oberfläche.

Hier wurde der Ofen
zu eng eingeräumt.
Die Vase klebte mit
einem anderen Teil
zusammen.
Schlimme und teure
Auswirkungen hat
es, wenn ein Stück
auf diese Weise an
den Ofenspiralen
festbackt!

Vermeiden Sie es, an
den eingeräumten
Ofen zu stoßen oder
Dinge auf ihm abzu-
stellen, denn die
Erschütterung kann
bewirken, daß *Brö-
sel* oder *Staubteil-
chen* in die glasier-
ten Stücke fallen und
mit einbrennen.

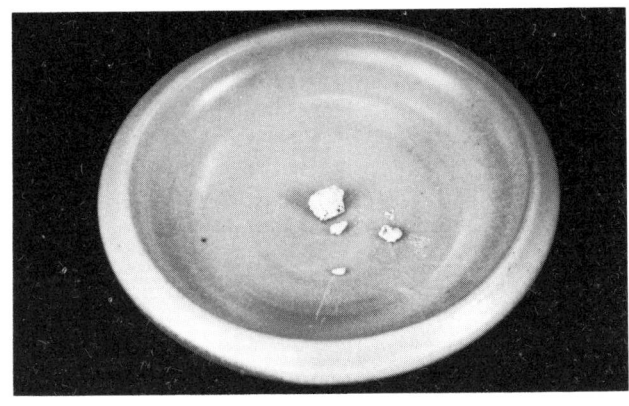